LA DIGITAL

PUBLICATIONS

LA Digital Publications presents *Russian I: Reading and Vocabulary Practicum* for children.

WHAT IS THIS PROGRAM ABOUT? This is volume I of the first structured reading program in Russian spanning across 87 levels of progressive complexity! *Russian I* is the **beginner** volume, and it comprises first 30 levels called "modules." Each module consists of a text accompanied by multi-leveled questions targeting comprehension as well as word-study and vocabulary. Your children will read short relatable stories about animals, family, and adventures; they will also be gradually introduced to factual information about history and culture around the world.

HOW DOES THIS PROGRAM WORK? The program is based on a readability formula developed specifically for the Russian language. Each volume begins with simpler texts and shorter sentences as well as easier high frequency words. The texts become increasingly more complex, with new vocabulary and syntax structures being gradually introduced.

WHO IS THIS VOLUME FOR? This beginner-level set of 30 modules is perfect for kids who can read basic Russian, but wish to develop their reading, comprehension, and vocabulary skills.

WHAT WILL YOUR CHILD LEARN BY COMPLETING VOLUME I? By the end of Part 3 of this volume, children will recognize a larger number of easy high-frequency words; they will also start getting used to longer two-clause sentences with prepositional phrases, adjectives and dialogue. This volume starts off with simple factual stories, animal fantasy or realistic fiction.

RECOMMENDED METHOD OF READING: We recommend that your child cover a module a day, 3 to 5 times a week, for 20 minutes daily. Depending on your child's confidence in reading, a parent's or tutor's help may be necessary. The overall goal though is that your child will gradually start completing each module independently. By the end of this 6-week course, your child will grow to become a more confident and independent reader.

This is volume I of III in the series of Russian reading and vocabulary practicums. Upon completion of volume I, your child should be ready to proceed to volume II and further expand their reading and comprehension skills.

Уровень 1

Модуль 1.1

Мышки кошку не интересовали! А в доме жили две мышки. Одна подбирала крошки с пола. Затем она несла их в свою норку. Вторая мышка была проворнее. Она крала печенье прямо со стола. Ещё она воровала корм из кошачьей тарелки! Кошке было всё равно. Кошка любила ловить мух. А мышки так и бегали спокойно вокруг неё.

1. О чём говорится в тексте?

- Кошки и мыши никогда не смогут ужиться вместе.
- Кошка не обращает внимание на мышек, и те спокойно занимаются своими делами.

2. Что интересно кошке?

- наблюдать за мышками
- ловить мух

3. Почему кошкино поведение можно назвать удивительным? Выберете все подходящие ответы.

- Кошка не обращает внимание на мышей.
- Кошку не интересуют мухи.
- Кошке всё равно, что мышка ворует её корм.

4. Почему вторая мышка проворнее, чем первая?

* Кошка не обращает внимание на мышей.
* Первая мышка не может её догнать.
* Проворная мышка добывает еду из прямо со стола или тарелки кошки.

5. Какой вариант ближе всего подходит по значению к слову «проворнее» в предложении «Вторая мышка была **проворнее**»?

* Вторая мышка была шустрее.
* Вторая мышка была шумнее.

6. Какой вариант **противоположен** по значению к слову «**спокойно**» в предложении «А мышки так и бегали **спокойно** вокруг неё»?

* тихо
* энергично

7. Вставьте пропущенные слова.

тащил   интересны   спокойно

* Собаке были не __________ попугаи в клетке.
* Проворный кот часто __________ сосиски со стола.
* Нетерпеливые дети не могли __________ сидеть на месте.

Модуль 1.2

Старая овчарка Лиза каждый день пасёт овец. Лиза так работает уже восемь лет. Утром Лиза вместе с другими овчарками выводит овец из загона. Лиза очень много бегает вокруг овец. Она собирает их в стадо. Потом собака направляет овец пастись на луг. Стадо огромное. Но Лиза не даёт ни одной овечке потеряться. Днём овцы на лугу щиплют травку. Лиза в это время отдыхает в тени. Вечером она будет гнать овец обратно в загон.

1. О чём говорится в тексте?

- Овчарка Лиза много работает.
- Овчарке Лизе надоело пасти овец.

2. Какова основная задача Лизы?

- Научить овец щипать травку.
- Водить овец на луг и обратно.

3. Как Лиза восстанавливает силы после того, как бегает всё утро?

- Лиза отдыхает в тени, пока овцы щиплют травку на лугу.
- Лиза съедает много корма.

4. Почему работа пастушьих собак удивительна?

- Пастушьи собаки бегают весь день.
- Пастушьи собаки умеют управлять огромным стадом.

5. Какой вариант ближе всего подходит по значению к слову «луг» в предложении «Потом собаки направляют овец пастись на **луг**»?

- Потом собаки направляют овец на пастбище.
- Потом собаки направляют овец в сад.

6. Какой вариант **противоположен** по значению к фразе «**в тени**» в предложении «Лиза в это время отдыхает **в тени**»?

- в прохладе
- на солнце

7. Вставьте пропущенные слова.

Вечером   щиплют   гнать

- Решено было __________ лошадей к реке.
- Утром гуси __________ траву у дома.
- __________ перед сном мы читаем книги.

Модуль 1.3

Чип любил плескаться в лужах. А купаться он просто ненавидел. Чип был небольшим кудрявым пуделем. Он обожал гулять и на прогулке часто измазывался в грязи. Тогда Чипа купали. Перед купанием Чип всякий раз прятался под кроватью. Но хозяин его доставал и сажал в ванну. Чип ругался, лаял и чихал. После купания Чип тщательно встряхивал с себя воду на хозяина. А вообще Чип с хозяином дружил.

1. О чём говорится в тексте?

- Чипа было трудно заставить купаться.
- Чип не любил мочить лапы в лужах.

2. Почему нужно было купать Чипа?

- Чип часто измазывался в грязи на прогулках.
- У Чипа в шерсти застревали листья.

3. Какой породы был Чип?

- Чип был дворняжкой.
- Чип был пуделем.

4. Как Чип выражал своё неудовольствие после купания?

- Он начинал кусаться.
- Он ругался, лаял и чихал.

5. Какой вариант ближе всего подходит по значению к слову «тщательно» в предложении «После купания Чип **тщательно** встряхивал с себя воду на хозяина»?

- После купания Чип старательно встряхивал с себя воду на хозяина.
- После купания Чип злобно встряхивал с себя воду на хозяина.

6. Какой вариант **противоположен** по значению к слову «**дружил**» в предложении «А вообще Чип с хозяином **дружил**»?

- ладил
- ссорился

7. Вставьте пропущенные слова.

тщательно   измазался   кудрявые

- Ребёнок весь __________ в шоколаде.
- У моей сестры __________ волосы.
- Я __________ сложил свою одежду в чемодан.

Модуль 1.4

Кот Вася боялся воды, как огня. Даже когда он пил воду из миски, то делал это очень осторожно. Вася никогда в своей жизни не плавал. Тем не менее он был убеждён, что вода для котов вредна и даже опасна. Бояться воды Вася стал, ещё когда был маленьким котёнком.

Однажды Вася гонялся по дому за солнечными зайчиками. Он нечаянно попал передней лапой в миску с водой. С лапой ничего не случилось. Вася был весьма удивлён. Он стал иногда мочить свои лапки в воде, особенно в жару. Но в целом к воде Вася продолжал относиться настороженно.

1. О чём говорится в тексте?

- Кот Вася понял, что вода не так страшна котам, как он думал раньше.
- Кот Вася полюбил воду и стал принимать ванну.

2. С какого момента кот Вася стал бояться воды?

- После того, как его искупали.
- С тех пор, когда был маленьким котёнком.

3. Каким образом кот Вася угодил лапами в миску с водой?

- Он гонялся за солнечными зайчиками и случайно угодил лапой прямо в миску с водой.

- Он решился поплескаться в воде.

4. Как кот Вася понял, что вода не так страшна котам?

- Он случайно попал лапами в миску с водой, и ничего страшного не случилось.
- Потому что он мог спокойно пить воду из миски.

5. Какой вариант ближе всего подходит по значению к слову «настороженно» в предложении «Но в целом к воде Вася продолжал относиться **настороженно**»?

- Но в целом к воде Вася продолжал относиться бережно.
- Но в целом к воде Вася продолжал относиться с опаской.

6. Какой вариант **противоположен** по значению к слову «**нечаянно**» в предложении «Он **нечаянно** попал передней лапой в миску с водой»?

- по неосторожности
- специально

7. Вставьте пропущенные слова.

нечаянно   настороженно   удивлён

- Собака __________ прислушивалась к непонятным звукам за дверью.
- Дети __________ пролили молоко на пол.
- Прохожий был __________ неодычной машиной.

Модуль 1.5

Дейву исполнилось тридцать два года. По лошадиным меркам это пенсионный возраст. Однако Дейв продолжает работать. Давным-давно Дейв был лошадью для выездки. Он даже участвовал во многих турнирах. Уже много лет Дейв работает с маленькими детьми и помогает им учиться верховой езде. Изо дня в день Дейв проводит долгие часы на манеже. В конце занятий дети дают Дейву любимые лакомства: морковку или дольки яблока.

1. О чём говорится в тексте?

- Лошадь Дейв больше не хочет работать.
- Лошадь Дейв трудится всю свою жизнь.

2. Кем работал Дейв в молодости?

- Дейв работал лошадью для выездки.
- Дейв участвовал в скачках.

3. Кем работает Дейв сейчас?

- Он работает в цирке.
- Он учит детей верховой езде.

4. Чем Дейв любит полакомиться?

- морковкой и яблоком
- сеном

5. Какой вариант ближе всего подходит по значению к слову «пенсионный» в предложении «По лошадиным меркам это **пенсионный** возраст»?

- По лошадиным меркам это молодой возраст.
- По лошадиным меркам это пожилой возраст.

6. Какой вариант **противоположен** по значению к выражению «**давным-давно**» в предложении «**Давным-давно** Дейв был лошадью для выездки»?

- недавно
- много лет назад

7. Вставьте пропущенные слова.

пенсионном   турнирах   помогал

- Уже в третьем классе София участвовала в ___________ по гольфу.
- Папа не раз ___________ сыну с географией.
- Дедушка и в ___________ возрасте продолжает работать.

Модуль 1.6

Раз в год лабрадора Кузьму отводят к ветеринару. Кузьма не любит эти поездки. Самого же ветеринара Кузьма считает своим хорошим приятелем. Ветеринар весёлый и умеет хорошо почесать за ушком. Только работники у ветеринара не такие дружелюбные. Они делают Кузьме неприятные уколы. Но самое обидное — это наглый кот, который живёт в клинике. Кот всегда сидит на стойке у компьютера и сверху вниз смотрит на Кузьму. Кузьма показывает коту зубы и рычит на него. Но за это Кузьму ругают.

1. О чём говорится в тексте?

- Кузьма обожает, когда его ведут к ветеринару.
- Есть неприятные моменты в походах Кузьмы к ветеринару.

2. Почему Кузьма недолюбливает помощников ветеринара?

- Они делают ему уколы.
- Они пахнут кошками.

3. Как Кузьма относится к ветеринару?

- Они с ним приятели.
- Кузьме хочется показать ветеринару зубы.

4. Что случится, если Кузьма нарычит на кота?

- Кот нашипит на Кузьму.

- Кузьму поругают.

5. Какой вариант ближе всего подходит по значению к слову «приятель» в предложении «Самого ветеринара Кузьма считает своим хорошим **приятелем**»?

- Самого ветеринара Кузьма считает своим хорошим другом.
- Самого ветеринара Кузьма считает хорошим доктором.

6. Какой вариант **противоположен** по значению к слову «**дружелюбные**» в предложении «Только работники у ветеринара не такие **дружелюбные**»?

- агрессивные
- доброжелательные

7. Вставьте пропущенные слова.

ругать   нагло   обидных

- Мальчик Юра разозлился, но не сказал ___________ слов бабушке.
- Мама считала, что_________ детей нельзя.
- Маленький мальчик вёл себя _________ и сломал все мои игрушки!

Модуль 1.7

Кошка Алиса обожает рыбные консервы. Обычно Алисе дают корм для кошек. Но несколько раз в неделю Алиса лакомится рыбой в томатном соусе из плоской консервной жестянки.

Ещё дома у Алисы есть небольшой аквариум. В аквариуме живут разные маленькие серебряные рыбки в полоску. Алиса часто сидит у аквариума и наблюдает за рыбками. Иногда Алиса пытается отодвинуть крышку аквариума. Алисе так и хочётся выловить полосатых рыбок.

«Раз рыбки в консервах такие вкусные, то свежие рыбки из аквариума должны быть ещё вкуснее», — думает Алиса. Но почему-то хозяева отгоняют Алису от аквариума и не дают ей порыбачить.

1. О чём говорится в тексте?

- Кошке Алисе не давали есть рыбу.
- Кошка Алиса любила рыбные консервы и мечтала выловить рыбок из аквариума.

2. Чем обычно питается Алиса?

- кормом для кошек
- рыбками из аквариума

3. Почему Алисе не удаётся выловить рыбок из аквариума?

- Рыбки прячутся от Алисы в водорослях.
- У неё не получается отодвинуть крышку аквариума.

4. Почему Алиса решила, что ей понравятся рыбки из аквариума?

- Потому что рыбки были полосатые.
- Потому что консервированная рыба была очень вкусная.

5. Какой вариант ближе всего подходит по значению к слову «наблюдает» в предложении «Алиса часто сидит у аквариума и **наблюдает** за рыбками»?

- Алиса часто сидит у аквариума и следит за рыбками.
- Алиса часто сидит у аквариума и охотится на рыбок.

6. Какой вариант **противоположен** по значению к слову «**обожает**» в предложении «Кошка Алиса **обожает** рыбные консервы»?

- любит
- терпеть не может

7. Вставьте пропущенные слова.

обожает   полакомился   порыбачить

- На прогулке медвежонок ___________ ягодами.

- Летом ребятам удаётся __________ на реке.
- Мой папа просто __________ мороженое.

Модуль 1.8

Рыбка Рита поселилась в аквариуме совсем недавно. Сначала жители аквариума от неё уплывали в разные стороны. Рита не понимала, почему её боятся. Но со временем к ней привыкли. Рита подружилась с рыбками.

Однажды в аквариум поселили новую рыбку. Друзья Риты тут же попрятались кто куда. Рита же поплыла здороваться с новой рыбкой. Однако новая рыбка вместо «привета» цапнула Риту за плавник. Рита спешно уплыла и спряталась от кусачей рыбки в водорослях. К счастью, новую рыбку из аквариума скоро убрали, а Рита научилась быть осторожной.

1. О чём говорится в тексте?

- Рыбка Рита не смогла найти себе друзей.
- Рыбка Рита научилась быть осторожной.

2. Как Риту перестали бояться другие рыбки?

- Со временем они к ней привыкли.
- Она помогала им добывать пищу.

3. Почему Рита поплыла здороваться с новой рыбкой?

- Рита хотела съесть новую рыбку.
- Рита не ожидала, что новая рыбка на неё нападёт.

4. Как Рита сумела спастись от новой рыбки?

- Рита спешно уплыла от неё и спряталась в водорослях.
- Рита сама покусала новую рыбку.

5. Какой вариант ближе всего подходит по значению к слову «цапнула» в предложении «Однако новая рыбка вместо «привета» **цапнула** Риту за плавник»?

- Однако новая рыбка вместо «привета» укусила Риту за плавник.
- Однако новая рыбка вместо «привета» пощекотала Риту за плавник.

6. Какой вариант **противоположен** по значению к слову **«поселили»** в предложении «Однажды в аквариум **поселили** новую рыбку»?

- добавили
- убрали

7. Вставьте пропущенные слова.

осторожными   «привета»   здороваться

- По утрам воспитательница учила детей __________ друг с другом.
- Собака вместо __________ почему-то налаяла на гостя.
- Брат с сестрой пытались быть __________ во время катания по парку на велосипедах.

Модуль 1.9

На ферме корова дружила со свиньёй. Но друзья часто ссорились. Они очень хотели больше общаться. Но из-за своих дел им редко удавалось встречаться. Поэтому корова хотела приучить свинью есть вместе с ней сено. А свинья мечтала заставить корову валяться в луже. Друзья не могли договориться и начинали спорить. Корова громко мычала, свинья пронзительно визжала. Курице надоел весь этот шум.

«И чего тут спорить-то», — сказала она. «Пусть корова ест сено рядом с лужей, где свинья прохлаждается», — предложила курица. Так и сделали. «Вы теперь вместе можете продолжать заниматься каждая своим делом», — прокудахтала курица. Споров больше не было.

1. О чём говорится в тексте?

- Курица рассорила корову со свиньёй.
- Курица разрешила спор между коровой и свиньёй.

2. Чему корова хотела приучить свинью?

- мычать
- есть сено

3. Чему свинья хотела научить корову?

- валяться в луже
- есть жёлуди

4. Как курице удалось разрешить спор коровы и свиньи?

- Она предложила им заниматься своими любимыми делами рядом друг с другом.
- Она предложила им прекратить общаться.

5. Какой вариант ближе всего подходит по значению к слову «визжала» в предложении «Корова громко мычала, свинья пронзительно **визжала**»?

- Корова громко мычала, свинья пронзительно вопила.
- Корова громко мычала, свинья пронзительно дрожала.

6. Какой вариант **противоположен** по значению к слову **«продолжать»** в предложении «Вы теперь вместе можете **продолжать** заниматься каждая своим делом»?

- и далее
- прекращать

7. Вставьте пропущенные слова.

мечтала   завизжали   ссорились

- Иногда брат с сестрой __________, но потом очень быстро мирились.
- Моя подруга __________ сходить в парк развлечений.

- Дети __________ от счастья, когда увидели подарки.

Модуль 1.10

Попугаю Боре часто бывало скучно. Тогда он начинал свистеть, как дверной звонок. Хозяйка Катя бежала открывать дверь, но там никого не было. Потом Боря свистел, как Катин мобильный телефон. Катя брала в руки телефон и понимала, что Боря опять пошутил. Тогда она открывала Борину клетку и давала Боре вдоволь полетать по комнате. Боря любил ходить по подоконнику и письменному столу. Если Катя читала, Боря садился на её книжку. «Боречка хороший», — говорила Катя. «Боррречка хоррроший», — повторял Боря.

1. О чём говорится в тексте?

- Попугай Боря умеет бороться со скукой.
- Хозяйка попугая Бори не знает, как его развеселить.

2. Как Боря даёт понять своей хозяйке, что хочет полетать вне клетки?

- Он просит человеческим голосом, чтобы она его выпустила.
- Он начинает над ней подшучивать.

3. Почему Боря садится на книжку Кати, когда она читает?

- Он хочет, чтобы Катя сказала ему что-то

ласковое.
* Он хочет вместе с ней почитать.

4. Какие необычные способности были у Бори?

* Он умел читать.
* Он умел точно копировать разные
  звуки, например, мелодию телефона или
  дверного звонка.

5. Какой вариант ближе всего подходит по значению к слову «вдоволь» в предложении «Тогда она открывала Борину клетку и давала Боре **вдоволь** полетать по комнате»?

* Тогда она открывала Борину клетку и давала Боре достаточно полетать по комнате.
* Тогда она открывала Борину клетку и давала Боре немного полетать по комнате.

6. Какой вариант **противоположен** по значению к слову «**скучно**» в предложении «Попугаю Боре часто бывало **скучно**»?

* грустно
* весело

7. Вставьте пропущенные слова.

свистеть   шутил   вдоволь

* После долгой прогулки псу дали
  __________ напиться воды.

- Наш дедушка __________ так, что все долго смеялись.
- Всё детство Валерия мечтала научиться __________.

Уровень 2

Модуль 2.1

На день рождения Маше подарили маленького белого котика. Она назвала его Пушком. Маша мечтала покатать котика по дому в коляске для кукол. Но Пушку в коляске не сиделось. Он постоянно из неё выпрыгивал. Целый день Маша усаживала котика в коляску. Пушок же сразу из неё выскакивал.

Перед сном Маше было грустно. Она жалела, что так и не научила Пушка сидеть в коляске. Утром Маша нашла Пушка мирно в ней спящим! Котик не разрешал Маше сажать себя в коляску. Но с тех пор каждую ночь сам залезал в неё спать.

1. О чём говорится в тексте?

- Котёнок Пушок не спит по ночам.
- Маша приучила котёнка спать в коляске.

2. Откуда у Маши появился котёнок Пушок?

- Маше подарили Пушка на Рождество.
- Маше подарили Пушка на день рождения.

3. К чему Маша хотела приучить Пушка?

- Чтобы Пушок сидел в коляске для кукол.
- Чтобы Пушок прыгал на обеденный стол.

4. Почему перед сном Маше было грустно?

- Маша жалела, что Пушок не играл с ней в куклы.
- Маша жалела, что так и не научила Пушка сидеть в коляске.

5. Чем можно заменить фразу «не разрешал» в предложении «Котик **не разрешал** Маше сажать себя в коляску»?

- пускал
- запрещал

6. Какой вариант **противоположен** по значению к слову **«мирно»** в предложении «Утром Маша нашла Пушка **мирно** спящим в коляске»?

- тихо
- беспокойно

7. Вставьте пропущенные слова.

мирно   постоянно   выскочил

- Пудель ___________ ворчал на попугая.
- Дети ___________ играли на площадке, пока не пришёл вредный соседский мальчишка.
- Неожиданно из коробки ___________ клоун на

пружине.

Модуль 2.2

Миша и дедушка решили варить рисовый суп с овощами. Дошло дело суп посолить.

«Добавь щепотку соли», — попросил дедушка.
«Щепотку? — спросил Миша. — Похоже на слово «щипать»! Вчера соседский мальчишка так больно меня ущипнул».

Тогда Миша запустил руку в коробку с солью и бросил целый кулачок соли прямо в кастрюлю. Дедушка не успел ничего поделать.

«Я же сказал щепотку соли, а ты целый кулак бросил! — сказал дедушка. — Щепотка — это когда берёшь что-то тремя пальчиками; это совсем чуть-чуть». Дедушка показал Мише щепотку соли.

Миша попробовал суп. Есть его было невозможно! Дедушке стало жалко Мишу: ведь он так старался. Тогда дедушка налил суп в тарелку и начал его есть. Дедушка и вида не подал, что суп был пересоленный. Миша приободрился.

«В следующий раз правильно посолю. — пообещал Миша. — Я теперь запомнил: щепотка — это когда небольно щиплешь».

1. О чём говорится в тексте?

- О том, за что дедушка поругал Мишу.
- О том, как Миша понял, что такое «щепотка».

2. Почему Миша пересолил суп?

- Он подумал, что щепотка — это много соли.
- Он любил пересоленную еду.

3. Почему дедушка начал есть пересоленный суп?

- Ему было жалко выкидывать суп.
- Он не хотел расстраивать Мишу.

4. Что такое щепотка?

- Это когда берёшь что-то сыпучее тремя пальцами.
- Это сила, с которой щиплешь.

5. Чем можно заменить слово **«щепотка»** ?

- горстка
- ущипнуть

6. Какой вариант **противоположен** по значению к слову «приободрился» в предложении «Миша **приободрился**»?

- обрадовался
- опечалился

7. Вставьте пропущенные слова.

приободрилась   старался   вида не подала

- Слава говорил тихо и __________ не разбудить дедушку.
- Зина и __________, что ей было обидно.
- Девочка заплакала, но быстро __________, когда ей дали котёнка.

Модуль 2.3

На даче во дворе выросли высокие сорняки. Мама и папа собирались их всех выдернуть. Но Катя умоляла их этого не делать. Катя была большая фантазёрка. Она представляла, что двор — это магический лес. А сорняки — волшебные деревья. Катя носилась между деревьями-сорняками и воображала, что играет в прятки с лесными феями.

Катя заметила, что у одного дерева-сорняка была сломана веточка. «Это проделки злого лесного духа», — заявила она. Девочка примотала веточку обратно к стеблю лентой для волос и часто её поливала. Через несколько дней веточка приросла обратно к стеблю! Злому лесному духу не удалось навредить волшебному дереву-сорняку.

Когда позже папа и мама наводили порядок во дворе, они выдернули все сорняки кроме того, что спасла Катя. Так он и остался расти во дворе у забора и за лето вырос выше Кати.

1. О чём говорится в тексте?

- О том, как Катя сажала растения.
- О том, как Катя играла летом на даче.

2. Почему Катя просила родителей не выдёргивать сорняки?

- Катя играла во дворе и фантазировала, что сорняки — это волшебные деревья.
- Катя спасалась от солнца в тени сорняков.

3. Как Катя спасла сломанный сорняк?

- Она использовала удобрения.
- Она привязала сломанную веточку обратно к сорняку.

4. Почему родители Кати не выдернули спасённый сорняк?

- Это был высокий сорняк, который было невозможно выдернуть.
- Им было жаль выдёргивать сорняк, за которым Катя ухаживала.

5. Чем можно заменить слово «проделки» в предложении «Это **проделки** злого лесного духа»?

- рассказы
- шутки

6. Какой вариант **противоположен** по значению к слову «умоляла» в предложении «Но Катя **умоляла** их этого не делать»?

* просила
* требовала

7. Вставьте пропущенные слова.

проделки   воображал   навредить

* Петя читал о том, как не __________ природе.
* В детстве я часто мечтал о приключениях и __________ себя спасателем.
* По полу была разбросана картошка. Это __________ нашего кота Симона.

Модуль 2.4

Псу разрешалось выходить во двор, а коту нет. Поэтому кот очень завидовал псу. Пёс целый день метался из дома во двор и обратно. Он никак не мог решить, где ему лучше: дома или во дворе. Во дворе пёс часто воображал, как дома все играют с котом в догонялки и кормят кота сосисками. Псу становилось обидно, что дома все веселятся без него. Пёс знал, что хозяева не любили, когда он громко лаял. Тогда он начинал гавкать, и его тут же загоняли домой.

Дома же в догонялки никто не играл. Сосисками тоже не пахло. Тогда пёс вспоминал, что можно погонять птичек во дворе. А ещё он любил чесать бока о забор. Пёс начинал настойчиво скулить и указывать хозяевам мордой на дверь. Так он обычно просился во двор. Хозяева его тут же выпускали.

Так продолжалось целый день.

Кот недоумевал, как пёс не ценит своей свободы и вечно недоволен. Вот если бы кота пускали во двор, он бы гулял дотемна и не бегал бы туда-обратно.

1. О чём говорится в тексте?

- О том, как кот и пёс относятся к прогулкам во дворе.
- О том, как пёс гоняет кота.

2. Почему пёс всё время просился со двора домой?

- Во дворе было слишком шумно.
- Пёс думал, что дома без него играют с котом и едят сосиски.

3. Что привлекало пса во дворе?

- Во дворе можно было гоняться за птичками.
- Во дворе была приятная погода.

4. О чём мечтал кот?

- Кот мечтал о жареных сосисках.
- Кот мечтал гулять дотемна.

5. Чем можно заменить слово «настойчиво» в предложении «Пёс начинал **настойчиво** скулить и указывать хозяевам мордой на дверь»?

- упорно
- неприятно

6. Какой вариант **противоположен** по значению к слову «**громко**» в предложении «Пёс знал, что хозяева не любят, когда он **громко** лает»?

- шумно
- тихо

7. Вставьте пропущенные слова.

обидных   вспоминал   метались

- В аквариуме серебряные рыбки __________ из стороны в сторону.
- Василиса разозлилась, но __________ слов не сказала.
- Учитель часто __________ весёлые годы в университете.

Модуль 2.5

Мама и Ваня решили выращивать овощи и ягоды у себя на балконе. Мама купила большие горшки. Туда она насыпала специально удобренную землю из мешка. Затем мама и Ваня принялись сажать разные овощи и ягоды. Ваня выкапывал небольшую ямку в земле. Потом он клал туда семечко и присыпал его землей. Мама напоминала Ване вовремя поливать растения.

Почти круглый год Ваня и мама собирали с кустиков урожай. Сначала у них появились ярко-красные ягоды клубники. Потом они собирали зелёные огурцы. После огурцов — красные сочные помидоры.

Наконец мама позвала Ваню собирать картошку. Ваня оглядел кустик и ничего там не нашёл. «А картошка не выросла», — сказал он. Тогда мама улыбнулась и выдернула кустик из земли. Так Ваня и понял, что клубни картошки растут в земле.

1. О чём говорится в тексте?

- О том, как полезно есть овощи.
- О том, как мама и Ваня выращивали овощи и ягоды.

2. Откуда Ваня помнил, когда поливать растения?

- Ему об этом напоминала мама.
- Он ставил себе напоминание на телефоне.

3. Какие овощи или ягоды поспели первыми?

- Первыми поспели огурцы.
- Первой поспела клубника.

4. Почему Ваня решил, что картошка не выросла?

- Ваня не знал, что клубни картошки растут в земле.
- Ваня откопал куст картошки, но на корнях ничего не было.

5. Чем можно заменить слово «принялись» в предложении «Затем мама и Ваня **принялись** сажать разные овощи»?

- задумали
- начали

6. Какой вариант **противоположен** по значению к слову **«вовремя»** в предложении «Мама напоминала Ване **вовремя** поливать растения»?

- поздно
- в срок

7. Вставьте пропущенные слова.

специальную   сочными   принялись

- Нужно срочно было купить __________ форму для катания на велосипеде.
- С утра все __________ за уборку.

- Дедушкины котлеты получились особенно
___________.

Модуль 2.6

Лене подарили щенка немецкой овчарки. Щенка назвали Максом. Макс рос не по дням, а по часам. Он был очень смышлёный. Лена сразу научила его давать лапу. А когда Макс слышал команду «гулять», то немедленно бежал к двери. Но щенок рос упрямый и много буянил. Он срывался с поводка на прогулке. Он часто упирался и отказывался идти домой из парка. Макс лаял на соседей, рычал и показывал им зубы.

Тогда папа начал водить Макса к дрессировщику. Когда дрессировщик работал с ним, то щенок вёл себя удивительно хорошо. Однако с Леной Макс не переставал проказничать. Но Лена не сдавалась и продолжала воспитывать щенка. Прошёл год, и Макса было не узнать. Он выучил много команд. Он больше не скалил зубы на соседей и не срывался с поводка. Макс превратился в умную послушную овчарку.

1. О чём говорится в тексте?

- О том, как щенок по имени Макс не мог выучить команды.
- О том, как из упрямого щенка Макс вырос в умную послушную собаку.

2. Чему Лена сразу смогла научить Макса?

- Лена смогла сразу научить Макса давать лапу.
- Лена смогла сразу научить Макса лаять по команде.

3. Почему папа начал отводить Макса к дрессировщику?

- Чтобы научить Макса правильно себя вести.
- Чтобы Макс работал в цирке.

4. Почему в конце рассказа Макса было не узнать?

- Потому что он вырос в огромную собаку.
- Потому что Макс перестал буянить и стал очень послушным.

5. Чем можно заменить слово «буянил» в предложении «Но щенок рос упрямый и много **буянил**»?

- веселился
- проказничал

6. Какой вариант **противоположен** по значению к слову «**смышлёный**» в предложении «Он был очень **смышлёный**»?

- глупый
- умный

7. Вставьте пропущенные слова.

превратилась   узнать   упирался

- Сима так выросла за время каникул, что её было не __________.
- Ослик не хотел двигаться с места и во всю __________.
- После ремонта моя комната __________ в настоящую музыкальную студию.

Модуль 2.7

Кошка Ника сегодня странно себя вела. Она подолгу засматривалась на пол у стены. Хозяева на полу ничего не находили и только пожимали плечами.

Ночью хозяева проснулись от странного шороха. Они включили свет. Ника сидела у холодильника и что-то под ним высматривала. Хозяева опять ничего там не увидели. Они пошли было обратно в спальню, как вдруг снова услышали шорох. Ника же начала носиться по кухне.

Вдруг Ника остановилась и уселась на полу у стула. Хозяева присмотрелись: Ника поймала мышку! Она держала её во рту, а потом выпускала. Мышка пыталась убежать, а Ника её тут же ловила. Ника не собиралась есть мышку. Она просто с ней играла. Хозяева тихонько подобрали мышку и посадили её в бумажный пакет. Они похвалили Нику, а мышку выпустили в поле.

1. О чём говорится в тексте?

- О том, как кошка охраняла холодильник.
- О том, как кошка Ника поймала мышку.

2. Отчего хозяева проснулись посреди ночи?

- Они проснулись от странного шороха.
- Они проснулись по будильнику.

3. Почему кошка Ника начала носиться по кухне?

- Она испугалась шума.
- Она гонялась за мышкой.

4. Что хозяева сделали с мышкой?

- Они оставили мышку дома в качестве нового питомца.
- Они выпустили мышку в поле.

5. Чем можно заменить словосочетание «пожали плечами» в предложении «Хозяева на полу ничего не видели и только **пожали плечами**»?

- не понимали, что происходит
- разминались

6. Какой вариант **противоположен** по значению к слову «**шорох**» в предложении «Они пошли обратно в спальню, как вдруг снова услышали шорох»?

- шум

- тишина

7. Вставьте пропущенные слова.

странная   Носиться   выпустили

- Во время свадьбы молодожёны __________ в небо белых голубей.
- __________ по парку было любимым занятием малышей.
- Перед нами предстала __________ картина: кошка разлеглась в раковине и урчала.

Модуль 2.8

Никита убедил маму с папой завести рыбок в аквариуме. Аквариум Никита выбрал большой. Он потратил на него почти все деньги из копилки. Мама и папа купили Никите целых семь рыбок! Рыбки были разноцветные, большие и маленькие. Они плавали между длинными зелёными водорослями. Ещё Никита положил рыбкам каменную пещеру и небольшой пиратский кораблик, чтобы они могли там прятаться.

У одной из жёлтых рыбок вокруг глаз было синее пятно. «Это рыба называется «бабочка масковая», — сказала мама. Такое название очень рассмешило Никиту. Ведь рыбка с пятном вокруг глаз скорее напоминала пирата, чем бабочку. «Я назову эту рыбку Капитан Флинт, как известного пирата», — заявил Никита. Капитан Флинт в это время как раз метался по палубе пиратского кораблика. Казалось, он искал карту с сокровищами или готовился к морскому бою.

1. О чём говорится в тексте?

* О том, как Никита завёл аквариум с рыбками.
* О том, как Никита мечтал сражаться с пиратами.

2. Откуда у Никиты были деньги на аквариум?

* Никита накопил деньги.
* Никите деньги дали друзья.

3. Где в аквариуме могли прятаться рыбки?

* Рыбкам прятаться было негде.
* Рыбки могли прятаться в каменной пещере и пиратском кораблике.

4. Почему Никита назвал жёлтую рыбку Капитаном Флинтом?

* У жёлтой рыбки были пятнышки вокруг глаз, и она напоминала пирата.
* Жёлтая рыбка была хищной.

5. Чем можно заменить слово «метался» в предложении «Капитан Флинт в это время как раз **метался** по палубе пиратского кораблика»?

* кидался
* носился

6. Какой вариант **противоположен** по значению к слову «**потратил**» в предложении «Он **потратил** на него почти все деньги из копилки»?

* приобрёл
* потерял

7. Вставьте пропущенные слова.

напомнило   рассмешила   Убедить

* ___________ родителей купить мне телефон было сложно.
* Огромное облако в небе __________ Саше о ванильном мороженом.
* Комедия об овчарке меня очень __________ .

Модуль 2.9

На столе стояла огромная плетёная корзина, полная груш. Маша выгрузила из неё груши. Потом она схватила корзинку и побежала с ней во двор — кидать в неё мяч издалека. К ней присоединилась мама. Мама заявила, что Маша играет в баскетбол. Маша удивилась. Мама объяснила, что по-английски «баскет» — это корзина, а «болл» — мяч. Игра в баскетбол заключается в том, чтобы попасть мячом в корзину.

Тут появился папа и рассказал историю баскетбола. Баскетбол придумал преподаватель колледжа Джеймс Нейсмит аж в 1891 году! Дело в том, что его студентам было очень скучно на уроках физкультуры. Тогда

Нейсмиту поручили придумать для них что-нибудь интересное. Вот он и привязал две корзины из-под персиков к перилам балкона спортивного зала. Нейсмит разделил студентов на две команды. Он объяснил им, что они должны будут закидывать мячи в корзины. Чья команда забросит больше всего мячей в корзину соперников — победит.

Услышав историю про Нейсмита, Маша заявила: «Джеймс Нейсмит придумал баскетбол с корзиной для персиков. А я изобрела баскетбол с корзиной для груш»!

1. О чём говорится в тексте?

- О том, как Маша узнала об истории баскетбола.
- О том, как Маша придумала новый вид спорта.

2. Почему мама сказала, что Маша играет в баскетбол?

- Потому что Маша была на занятии по баскетболу.
- Потому что Маша бросала мяч в корзину.

3. Как Джеймс Нейсмит начал игру баскетбол?

- Он привязал корзину из-под персиков к перилам балкона.
- Он покрасил мяч в оранжевый цвет.

4. Как в конце истории пошутила Маша?

- Она заявила, что обыграет Джеймса Нейсмита в баскетбол.
- Она заявила, что придумала вид баскетбола, когда мяч кидают в корзину для груш.

5. Чем можно заменить слово «преподаватель» в предложении «Баскетбол придумал **преподаватель** колледжа Джеймс Нейсмит аж в 1891 году»?

- учитель
- исследователь

6. Какой вариант **противоположен** по значению к слову «**забросит**» в предложении «Чья команда **забросит** больше всего мячей в корзину соперников — станет победителем»?

- попадёт
- пропустит

7. Вставьте пропущенные слова.

присоединиться   издалека   удивились

- Мы все __________, узнав, как огромна наша галактика.
- Учитель __________ наблюдал за спорящими учениками.
- Вера хотела быстро закончить уроки, чтобы __________ к ребятам во дворе.

Модуль 2.10

Однажды маленькой девочке подарили коробку с цветными карандашами. Карандаши с нетерпением ждали, кого же она выберет для рисования. Каждый карандаш считал себя важнее всех остальных.

— Я могу нарисовать прекрасную розу, — гордо говорил красный карандаш.

— А я — жаркое солнце, — не уступал ему оранжевый.

— Без меня у вас никогда не получатся маленькие пушистые цыплята, — предупреждал жёлтый.

— И что вы будете делать, если захотите нарисовать весеннюю листву? —спрашивал зелёный.

— Все знают, что самое важное на любом рисунке — это безоблачное небо, — возражал голубой.

— Разве есть что-нибудь лучше тёплого моря? — удивлялся синий.

— Можете спорить сколько угодно, но никто из вас не сможет нарисовать лесные фиалки, — хвастался фиолетовый.

Девочка была несказанно рада подаренным цветным карандашам. Каждый карандаш желал, чтобы выбрали именно его. А девочка взяла все семь карандашей и нарисовала радугу.

1. О чём говорится в тексте?

- О том, что карандаши всех цветов важны.
- О том, как девочка училась рисовать.

2. О чём спорили цветные карандаши?

- О том, что одни цвета используют больше, чем другие.
- О том, что каждый из них важнее остальных.

3. Почему зелёный карандаш считал себя важнее остальных?

- Потому что с его помощью можно нарисовать крокодила.
- Потому что с его помощью можно нарисовать весеннюю зелёную листву.

4. Как в конце истории девочка показала, что все цвета важны?

- Она нарисовала радугу.
- Она нарисовала полевые цветы.

5. Чем можно заменить слово «несказанно» в предложении «Девочка была **несказанно** рада подаренным цветным карандашам»?

- слегка
- очень

6. Какой вариант **противоположен** по значению к слову **«важнее»** в предложении «Каждый карандаш считал себя **важнее** всех остальных»?

- незначительнее
- главнее

7. Вставьте пропущенные слова.

похвастаться   предупредили   нетерпением

- Мы ___________ гостей о намечающемся дожде.
- Марии очень хотелось ___________ новыми коньками.
- Бабушка с ___________ждала моего возвращения из Парижа.

Уровень 3

Модуль 3.1

Мышонок по имени Морис любил малиновое мороженое, но не сильно жаловал математику. Вместо того, чтобы решать задачи, он подолгу смотрел видео в телефоне. Однажды мама-мышь послала Мориса в магазин за едой:

— Когда возьмёшь все продукты, на сдачу можешь купить себе мороженое.

В магазине Морис купил молоко, морковку, масло и другие продукты. Когда кассир дал ему сдачу, Морис попросил:

— Дайте мне, пожалуйста, малиновое мороженое.
— Малиновое мороженое стоит 2 монетки, — ответил кассир. — Сколько штук ты хочешь?

У Мориса оставалось 5 монеток. Однако он не понимал, сколько стаканчиков малинового мороженого он мог купить на эти деньги. Морису стало очень стыдно. Сочувствующий кассир помог ему со счётом и дал ему два стаканчика малинового мороженого. По дороге домой Морис решил, что теперь каждый день будет учить математику.

1. О чём говорится в тексте?

- О том, как Морис не хотел учиться.
- О том, как Морис понял, что нужно изучать математику.

2. О чём попросила мама Мориса?

- Навести порядок в своей комнате.
- Сходить в магазин за продуктами.

3. Чем кассир помог Морису?

- Он помог ему сосчитать, сколько стаканчиков мороженого Морис может купить на сдачу.
- Он помог Морису выбрать мороженое.

4. Почему Морис решил учить математику?

- Он понял, как важна математика в жизни.
- Он хотел получать хорошие оценки в школе.

5. Чем можно заменить слово «жаловал» в предложении «Мышонок по имени Морис любил малиновое мороженое, но не сильно **жаловал**

математику»?

- жалел
- любил

6. Какой вариант **противоположен** по значению к слову «**сочувствующий**» в предложении «**Сочувствующий** кассир помог ему со счётом и дал ему два малиновых мороженых»?

- жестокий
- понимающий

7. Вставьте пропущенные слова.

мечтать   стыдно   сочувствовали

- Все __________ Ване, потому что он потерял свои лыжи.
- Винни любил смотреть на облака и __________ о чём-нибудь.
- Реми было __________ признаться в том, что она не выполнила домашнее задание.

Модуль 3.2

Каждое лето Антон ездил в деревню к бабушке и дедушке. В деревне во дворе дома росла яблоня. Дедушка говорил, что это очень старое дерево. Оно росло, ещё когда дедушка сам был маленьким мальчиком. Антон тогда представлял своего дедушку малышом, лазающим по деревьям. Ему казалось это очень забавным.

Яблоню Антон очень любил. Она была большая, ветвистая и давала душистые, ароматные яблоки. Дедушка учил Антона, как правильно ухаживать за деревом. Часто на улице было слишком жарко, чтобы играть с другими мальчишками. Тогда Антон вместе с дедушкой садился в тень под яблоню и слушал дедушкины истории. А вечером бабушка кормила их с дедом яблочным пирогом, который она пекла из яблок старой яблони.

1. О чём говорится в тексте?

- О том, что яблоня была очень важна в жизни Антона и его бабушки с дедушкой.
- О том, как Антон посадил яблоню.

2. Что казалось Антону забавным?

- дедушкины истории
- Он представлял дедушку маленьким мальчиком, который лазал по яблоне.

3. Почему Антон вместе с дедушкой садились беседовать под яблоню?

- Потому что под яблоней можно было спрятаться от солнца.
- Потому что под яблоней их не могла найти бабушка.

4. Чем была важна яблоня?

- Благодаря ей дедушка и Антон общались.
- Она давала хороший урожай на продажу.

5. Чем можно заменить слово «душистые» в предложении «Она была большая, ветвистая и давала **душистые**, ароматные яблоки»?

- благоухающие
- сладкие

6. Какой вариант **противоположен** по значению к слову **«ухаживать»** в предложении «Дедушка учил Антона, как правильно **ухаживать** за деревом»?

- пренебрегать
- заботиться

7. Вставьте пропущенные слова.

забавно   представляла   Ветвистое

- Котята __________ кувыркались по ковру, вызывая у всех улыбку.
- __________ дерево давало большую тень.
- Я __________ себе поход в лес намного более скучным.

Модуль 3.3

Наташе на день рождения подарили куклу. У куклы были большие карие глаза и красивое красное платье. Звали куклу Полина. Наташа познакомила Полину с остальными игрушками.

Однажды Полина заболела. У неё была высокая температура и кашель. Наташа уложила Полину в постель и позвала доктора — плюшевого мишку Тедди. Тедди осмотрел Полину и прописал ей ложечку мёда после обеда. Ещё он сказал, что Полина должна лежать в постели, пока не выздоровеет.

Три часа Наташа ухаживала за Полиной, давала ей мёд и читала книжки. Полина поправилась. Все игрушки пришли к ней в гости пить чай и есть печенье, которое испекла Наташа.

1. О чём говорится в тексте?

- О том, как Наташа играла в куклы.
- О том, как Наташа купила новую куклу.

2. Откуда у Наташи кукла Полина?

- Полину Наташа нашла в парке на скамейке.
- Полину Наташе подарили на день рождения.

3. Что случилось с Полиной?

- Полина заболела.
- Полина лечила мишку Тедди от бессонницы.

4. Как Наташа лечила Полину?

- Она лечила её конфетами.
- Она давала ей мёд и читала книжки.

5. Чем можно заменить слово «выздоровеет» в

предложении «Ещё он сказал, что Полина должна лежать в постели, пока не **выздоровеет**»?

- вырастет
- поправится

6. Какой вариант **противоположен** по значению к слову **«подарили»** в предложении «Наташе на день рождения **подарили** куклу»?

- принесли
- забрали

7. Вставьте пропущенные слова.

ухаживать   познакомил   поправился

- Том наконец __________ своих друзей с пуделем Рексом.
- К счастью, лекарство помогло, и Даня быстро __________.
- Все внуки собрались __________ за бабушкой, и ей вскоре стало лучше.

Модуль 3.4

Кот Морис одел походный рюкзак, взял удочки и уселся на велосипед. На его плече под полями широкой шляпы устроился его друг — мышонок Аллан. Друзья отправились на лесное озеро порыбачить. По дороге Аллан развлекал Морриса, распевая веселые мелодии. Вот друзья остановились подкрепиться вкусностями из мешочка, которые собрали им в дорогу мамы.

«Червячка заморили. Поедем дальше»? — предложил наконец Моррис. Аллан же не совсем понял, про какого червячка идёт речь. Он почесал голову и пропищал: «Какого ещё червяка? Мы же собирались ловить рыбу на зелёный горошек. Ещё не хватало червяков откапывать». Тут Морис расхохотался, точнее размяукался, ухватившись лапами за бока — так ему стало весело от слов Аллана.

«Заморить червячка — это такое выражение интересное. Так говорят, когда хотят сказать, что перекусили и утолили голод», — объяснил Моррис. Аллану понравилось это выражение. «Заморили, — ответил он. — Можно ехать дальше».

1. О чём говорится в тексте?

- О том, как кот и мышонок играли в прятки.
- О том, как кот научил мышонка новому выражению.

2. Откуда у Мориса и Аллана были мешочки с едой?

- Их мамы собрали им мешочки с едой в дорогу.
- Они приобрели их в магазине.

3. На что Морис и Аллан собирались ловить рыбу?

- на зелёный горошек
- на червячка

4. Что значит «заморить червячка»?

* Ловить рыбу на червячка.
* Утолить голод.

5. Чем можно заменить слово «подкрепиться» в предложении «Вот друзья остановились **подкрепиться** вкусностями из мешочка, которые собрали им в дорогу мамы»?

* укрепиться
* поесть

6. Какой вариант **противоположен** по значению к слову «**интересное**» в предложении «Заморить червячка» — это такое выражение **интересное**»?

* скучное
* любопытное

7. Вставьте пропущенные слова.

перекусили   устроилась   развлекать

* Лина удобно __________ на диване с книжкой и чаем.
* Артист умел хорошо __________ гостей своими шутками.
* Перед плаванием дети __________ пирожками с капустой.

Модуль 3.5

Когда Тина не могла уснуть, она шла к бабушке. Поздно вечером она приходила на кухню и держала в руках своего плюшевого зайца. Бабушка Тины славилась на всю округу своим апельсиновым вареньем и умением рассказывать сказки. При виде Тины перво-наперво бабушка ставила чайник. На стол она всегда ставила три чашки: Тине, себе и плюшевому зайцу. Она обязательно добавляла в чай ложечку апельсинового варенья. А потом бабушка сажала Тину в большое кресло-качалку, укрывала её пледом и начинала рассказывать сказку.

Больше всего Тина любила слушать сказку про рыжеволосую принцессу и её приключения. Принцесса была отважная, добрая и помогала всем животным в сказочном лесу вокруг её замка. Иногда Тине казалось, что принцесса и она немного похожи.

Сидя, укутавшись в плед, Тина наслаждалась ароматным чаем и слушала бабушкины сказки. Тина и не замечала, как её веки начинали тяжелеть. Вскоре она уже спала и видела во сне приключения рыжеволосой принцессы.

1. О чём говорится в тексте?

- О том, как бабушка заботилась о Тине, когда той не спалось.
- О том, как Тине нравилось пошалить перед сном.

2. Что делала бабушка, если Тине не спалось?

- Бабушка сажала Тину в коляску.
- Бабушка поила Тину чаем и рассказывала ей сказки.

3. Какой была рыжеволосая принцесса из сказки?

- Принцесса была капризная.
- Принцесса была отважная, добрая и помогала животным.

4. Что часто снилось Тине?

- Тине снились приключения рыжеволосой принцессы.
- Тине снилось апельсиновое варенье.

5. Чем можно заменить слово «славилась» в предложении «Бабушка Тины **славилась** на всю округу своим апельсиновым вареньем и умением рассказывать сказки»?

- была доброй
- была известной

6. Какой вариант **противоположен** по значению к слову «**отважная**» в предложении «Принцесса была **отважная**, добрая и помогала всем животным в сказочном лесу вокруг её замка»?

- храбрая
- пугливая

7. Вставьте пропущенные слова.

наслаждался   отважного   заметили

- Я обожал историю про __________ капитана, который боролся с пиратами.
- Ребята не __________, как за окном стемнело.
- Никто так не __________ кофе, как моя мама.

Модуль 3.6

По дороге домой Андрей увидел в цветочном магазине необычные цветы. Фиолетовые, они были разложены на прилавке и наполняли воздух невероятным ароматом.

«Что это за цветы»? — спросил Андрей у бородатого продавца.
«Это же сирень», — объяснил тот.

Продавец цветов объяснил, что сирень быстро вянет на жаре. В их краях сирень — большая редкость. Андрей вспомнил, что про сирень ему ещё рассказывала бабушка. Там, где прошло её детство, сирень цвела каждую весну. Бабушка по сирени очень скучала. Андрей тут же купил ей букет.

Бабушка жила на другом конце города. Продавец цветов опасался, что Андрей не успеет донести букет в целости и сохранности. Продавец предложил завернуть букет в мокрую газету и обложить сирень льдом.

Бабушка была удивлена, когда Андрей торжественно преподнёс ей мокрый газетный свёрток. Она развернула газету. Тогда Андрей увидел, что почти со всех веток цветы опали.

Бабушка бережно взяла в руки ветку, на которой цветы ещё сохранились, и долго смотрела на них с улыбкой на лице.

«Спасибо, что вернул мне моё детство», — сказала она и обняла Андрея.

1. О чём говорится в тексте?

- О том, как Андрей подарил своей бабушке её любимые цветы.
- О том, как Андрей не знал, какие цветы подарить бабушке на день рождения.

2. Почему Андрей обратил внимание на сирень?

- Потому что это были необычные фиолетовые цветы.
- Потому что продавец указал Андрею на сирень.

3. Почему сирень была редкостью там, где жил Андрей?

- Потому что она там не росла и привозить её туда в жару было трудно.
- Потому что все кусты сирени там были вырублены.

4. Почему бабушке была так дорога сирень?

- Потому что сирень приятно пахла.
- Потому что сирень напоминала бабушке
  о её детстве.

5. Чем можно заменить слово «опасался» в предложении «Продавец цветов **опасался**, что Андрей не успеет донести букет в целости и сохранности»?

- беспокоился
- чувствовал опасность

6. Какой вариант **противоположен** по значению к слову «**бережно**» в предложении «Бабушка **бережно** взяла в руки ветку, на которой цветы ещё сохранились, и долго смотрела на него с улыбкой на лице»?

- аккуратно
- грубо

7. Вставьте пропущенные слова.

торжественно   редкость   удивлена

- В горах в мае снег совсем не __________ .
- Мама была __________ такому необычному подарку.
- Чемпионке по шахматам __________ вручили кубок за победу в турнире.

Модуль 3.7

На осенние каникулы Марти, мама, папа и овчарка по имени Рекс отправились на ферму. В первый же день Рекс куда-то пропал на целых три часа. Когда он вернулся, то в зубах принёс необычную добычу. Папа тут же определил, что это был детёныш опоссума.

Рекс оказался весьма осторожным охотником, и малыш-опоссум не пострадал от его зубов. Правда, от слюны Рекса он промок до ниточки. Мама Марти осторожно завернула маленького опоссума в полотенце и положила его в картонную коробку. Рядом с малышом она поместила бутылку с тёплой водой, чтобы опоссум не замёрз без своей мамы.

К утру опоссум просох и выглядел вполне здоровым. Он был такой забавный, что Марти попросил родителей оставить зверька жить с ними. Но родители не согласились.

— Опоссум — дикий зверёк, и он не привык жить с людьми, как Рекс. Если дикий зверь здоров и может сам о себе позаботиться, его надо обязательно выпустить на волю, — объяснили мама и папа. Они унесли малыша в лес и выпустили его на полянке. Марти увидел, как опоссум весело побежал по тропинке вглубь леса. Тогда он понял, что родители были правы, что вернули дикого зверька на природу.

1. О чём говорится в тексте?

- О том, как семья спасла детёныша опоссума.
- О том, как семья приручила опоссума.

2. Каким образом Рексу удалось не поранить опоссума, когда он нёс его в зубах?

- У опоссумов жёсткая шёрстка.
- Рекс был осторожным.

3. Как мама Марти позаботилась об опоссуме?

- Она отвезла его к ветеринару.
- Она не дала опоссуму замёрзнуть.

4. Почему Марти не позволили оставить себе опоссума?

- Потому что диким животным лучше живётся на природе.
- Потому что опоссум сбежал.

5. Чем можно заменить слово «забавный» в предложении «Он был такой **забавный**, что Марти попросил родителей оставить его жить с ними»?

- резвый
- смешной

6. Какой вариант **противоположен** по значению к слову «**дикий**» в предложении «Опоссум — **дикий** зверёк, и он не привык жить с людьми, как Рекс»?

- домашний

- опасный

7. Вставьте пропущенные слова.

    добычу   выглядела   до нитки

- Лев яростно зарычал перед тем, как схватил свою ___________ .
- Ливень был такой сильный, что мы быстро промокли ___________ .
- После долгого рабочего дня мама всё же не ___________ уставшей.

Модуль 3.8

Сегодня в доме царит праздничная суматоха. Завтра у мамы день рождения, и вся семья готовится к приходу гостей. Пока бабушка печёт пироги, Анна и папа пошли в супермаркет купить фруктов на десерт. В супермаркете Анна увидела красивые чашки для кофе. Всем известно, что мама — большой любитель кофе. Поэтому Анна решила купить маме кофейную чашку в подарок. До этого Анна подарки только получала, и сама ни разу никому ничего не дарила.

В кармане у Анны было несколько долларов, которые ей в прошлое воскресенье оставила под подушкой зубная фея. Анна спросила продавца, сколько стоит самая красивая чашка. Оказалось, что Анне не хватало двух долларов. Тут к ней подошёл папа. Он решил помочь ей и дал продавцу недостающие два доллара. Красиво упакованную чашку Анна понесла домой.

Анна не могла дождаться завтрашнего дня, чтобы подарить чашку маме. Она с удивлением поняла, что дарить подарки ещё приятнее, чем получать. Анна решила, что отныне будет делать родителям подарки на каждый праздник.

1. О чём говорится в тексте?

- О том, как Анна научилась обращаться с деньгами.
- О том, как Анна поняла, что делать подарки может быть приятнее, чем их получать.

2. С какой целью папа и Анна отправились в супермаркет?

- Купить подарок маме.
- Купить фруктов на десерт.

3. Откуда у Анны были деньги?

- Анна думала, что деньги у неё от зубной феи.
- Их ей дала бабушка.

4. Почему Анна не могла дождаться завтрашнего дня?

- Ей не терпелось попробовать десерт.
- Ей не терпелось подарить маме кофейную чашку.

5. Чем можно заменить слово «недостающие» в предложении «Он решил помочь ей и дал продавцу **недостающие** два доллара»?

- лишние
- нехватающие

6. Какой вариант **противоположен** по значению к слову «**суматоха**» в предложении «Сегодня в доме царит праздничная **суматоха**»?

- веселье
- спокойствие

7. Вставьте пропущенные слова.

Упакованную   удивлением   царила

- В театре __________ торжественная атмосфера.
- __________ посылку папа отнёс на почту.
- Уильям с __________ обнаружил десять долларов у себя в кармане.

Модуль 3.9

Маша и Олеся — близнецы. Внешне они похожи, как две капли воды. Но характерами девочки отличаются. Маша часто сначала сделает, а потом подумает. Олеся же долго сомневается прежде, чем на что-то решится. Игры девочек часто заканчивались спорами.

Однажды мама сообщила Маше и Олесе важную новость: к обеду к ним в гости приезжает дедушка! Девочки обрадовались и решили приготовить ему сюрприз. Олеся не знала, какой сюрприз понравится дедушке. Поэтому она отправилась расспрашивать об этом маму. Мама посоветовала Олесе испечь какой-нибудь «здоровый» десерт, потому что много сладкого дедушке было вредно. Олеся тут же села за компьютер и принялась читать страницы с рецептами. Маша же сразу побежала на кухню печь дедушке торт. Рецепта у Маши не было. Но она смутно припоминала ролик о выпечке из Интернета.

Через какое-то время на кухню прибежала Олеся. Она наконец нашла полезный рецепт — вишнёво-ягодное желе. Олеся не знала, успеет ли она приготовить желе, потому что дедушку ждали с минуты на минуту. Олеся спешно нарезала ягоды и начала их варить специальным способом. Маша в это время уже достала коржи из духовки. Олеся почувствовала запах гари — коржи пригорели. У Маши на глазах появились слёзы. Лишь один корж выглядел съедобным. Олесиным ягодам до желе было ещё очень далеко. Олеся тоже чуть не плакала.

В это время девочки услышали, как у дома остановилась машина. Это дедушка приехал на такси. Тогда сестрёнки посмотрели друг на друга, как будто у них обеих созрел в голове новый план.

Когда дедушка зашёл домой, Олеся и Маша радостно подбежали к нему с тарелкой в руках и весело прокричали: «Сюрприз! Пирог с ягодами»! Дедушка обнял девочек и попробовал десерт. «Отменно»! — заявил он. Машин корж и Олесины ягоды неожиданно соединились в отличный десерт для дедушки. Впервые девочки отлично сработались вместе.

1. О чём говорится в тексте?

- О том, как Маша и Олеся вместе приготовили десерт для дедушки.
- О том, как Маша и Олеся поссорились из-за десерта.

2. Какую важную новость мама сообщила Маше и Олесе?

- Мама рассказала им, какие продукты полезны дедушке.
- Мама им сообщила, что дедушка скоро к ним приедет.

3. Почему у Маши не получился торт для дедушки?

- Потому что Маша случайно добавила в тесто соль вместо сахара.
- Потому что у Маши не было рецепта.

4. Как Олеся и Маша успели приготовить десерт к приходу дедушки?

- Они соединили свои полуготовые десерты в один сюрприз для дедушки.
- Дедушка опоздал, и у Олеси с Машей появилось лишнее время.

5. Чем можно заменить слово «созрел» в предложении «Тогда сестрёнки посмотрели друг на друга, как будто у них обеих **созрел** в голове новый план»?

- появился
- поменялся

6. Какой вариант противоположен по значению к слову «сработались » в предложении «Впервые девочки отлично сработались вместе»?

- развеселили
- поссорились

7. Вставьте пропущенные слова.

припоминал   созрела   сомневался

- Папа смутно __________ фильм о пиратах.
- Вчера во время прогулки в голове у меня __________ идея о новом рассказе.
- Стивен несколько __________ насчёт поездки в пустыню.

Модуль 3.10

Дедушка был большой шутник и весельчак. Он так заразительно смеялся, что я тут же сама начинала заливаться хохотом. Однажды дедушка, бабушка и я отправились в путешествие на Коста Рику. В первый же вечер, как только мы зашли в номер отеля, то сразу же услышали страшный рёв. Я сразу догадалась, что это коаты — паукообразные обезьянки, которыми знаменита Коста Рика. Бабушка сомневалась, что такой рёв могут издавать обезьянки. Дедушка шутил, что это ревёт динозавр. Позже мы выяснили, что за окном на деревьях проживало целое семейство этих небольших обезьянок, знаменитых своим пронзительным рёвом. Каждый вечер смешные обезьянки закатывали свой ужасный концерт, к которому мы быстро привыкли и даже стали ждать с нетерпением.

Ещё дедушка отлично готовил. Вся семья по праздникам ждала от него шашлыков и копчёной рыбы. Я же обожала, когда на завтрак он подавал мне сосиски. Мама с папой редко их покупали; они считали, что сосиски не очень полезны. Поэтому, когда я гостила у дедушки с бабушкой, то просто обожала просыпаться под аромат жареных сосисок. На Коста Рике дедушка не готовил, потому что вокруг было много ресторанов. Самые длинные очереди были в итальянский ресторан. Дедушка просто терпеть не мог длинные очереди и часто повторял: «Видишь очереди — беги! Скучать в очередях, когда ты на отдыхе, — не дело для дедушек»! Зато в японский ресторан всегда можно было свободно пройти. Все трое, мы очень любили японскую кухню. Поэтому каждый день мы с удовольствием ходили в японский ресторан.

Ещё на Коста Рике каждый день мы отправлялись на океан — плавать. Несколько раз мы ныряли с маской и рассматривали подводных обитателей. Это была одна из самых весёлых поездок. Когда мы вернулись обратно домой, на следующее утро меня разбудил аромат любимых жареных сосисок. «Я думаю, мы все соскучились по сосискам»! — сказала я. «Да и сосиски по нам скучали», — заявил дедушка.

1. О чём говорится в тексте?

- В этом тексте рассказывается про семейные праздники.
- В этом тексте рассказывается про дедушку.

2. Кто издавал громкий рёв у отеля?

- паукообразные обезьянки
- динозавр

3. Почему на Коста Рике рассказчица вместе с бабушкой и дедушкой всё время ходили в японский ресторан?

- Потому что они любили японскую кухню и в этот ресторан не было очередей.
- Потому что там подавали сосиски.

4. Что имел в виду дедушка, когда сказал, что сосиски по ним соскучились?

- Он так пошутил.
- Он был голоден.

5. Каким словом можно заменить слово «хохот» в предложении «Он так заразительно смеялся, что я тут же сама начинала заливаться **хохотом**»?

- смех
- рёв

6. Какой вариант **противоположен** по значению к фразе «**терпеть не мог**» в предложении «Дедушка просто **терпеть не** мог длинные очереди и часто повторял: «Видишь очереди — беги! Скучать в очередях, когда ты на отдыхе, — не дело для

дедушек»?

- избегал
- обожал

7. Вставьте пропущенные слова.

     пронзительного   знаменит   догадалась

- Египет ___________на весь мир своими пирамидами.
- Я первая __________, что собака вовсе не убежала, а застряла на чердаке.
- От __________ лая собаки все проснулись.